AF199996

Impressum
Verlag: BABADADA GmbH, Nedderfeld 112 , 22529 Hamburg
Geschäftsführer / Verlagsleitung: Harald Hof
Druck: Books on Demand GmbH, In de Tarpen 42, 22848 Norderstedt

Imprint
Publisher: BABADADA GmbH, Nedderfeld 112 , 22529 Hamburg, Germany
Managing Director / Publishing direction: Harald Hof
Print: Books on Demand GmbH, In de Tarpen 42, 22848 Norderstedt

classroom
fasal

divide
qeybi

186/2

board
sabuurad

school yard
barxad dugsi

teacher
macallin

paper
warqad

write
qorraxeed

pen
qalin

desk
miis

ruler
mastarad

book
buug

pupil
arday

satchel

boorso

pencil case

kiis qalin-qori

pencil

qalin-qori

pencil sharpener

koobka qalin qor

rubber

titirre

drawing pad

buugga sawirka

drawing

sawirid

paintbrush

burushka midabaynta

paint box

gasaca midabaynta

scissors

maqasyo

glue

koollo

exercise book

buug qoraal

homework

shaqo-guri

number

lambar

add

ku dar

subtract

ka jar

multiply

ku dhufo

calculate

xisaabi

letter

warqad

alphabet

alifbeeto

word

erey

text

qoraal

read

akhri

chalk

jeesto

lesson

cahsar

register

diiwaan

exam

imtixaan

certificate

shahaado

school uniform

direes dugsi

education

waxbarasho

encyclopedia

diwaan mowduuceed

university

jaamacad

microscope

mayskariskoob

map

khariidad

waste-paper basket

haan qashin-gur

hotel
hoteel

hostel
hoteel jiif-cunto

bureau de change
xafiiska sarrifaka lacagaha

car
baabuur

language
luuqad

yes / no
haa / maya

Okay
Hagaag

hello
nabad miyaa

translator
turjumaan

Thank you
Waad mahadsan tahay

how much is...?

waa immisa...?

I do not understand

ma aanan fahamin

problem

dhibaato

Good evening!

galab wanaagsan!

Good morning!

subax wanaagsan!

Good night!

habeen wanaagsan!

bye bye

nabad gelyo

direction

jiho

luggage

alaabo

bag

boorso

backpack

boorso-dhabar

guest

marti

room

qol

sleeping bag

katiifad

tent

teendho

tourist information

xog dalxiis

beach

xeebta

credit card

kaar amaah

breakfast

quraac

lunch

qado

dinner

casho

ticket

rasiid

lift

wiish

stamp

tiimbare

border

xuduud

customs

qeybta-canshuur-bixinta

embassy

safaarad

visa

dal ku gal

passport

baasaboor

aeroplane
dayaarad

ship
markab

fire engine
matoor

truck
gaari xamuul ah

bus
bas

motorboat
doon-matooreey

bike
mooto

car
baabuur

ferry

doon

boat

doonnida

motorbike

mooto

police car

baabuur booliis

racing car

baabuur baratan

rental car

baabuur la-kiraysto

car sharing

gaadiid-wadaag

breakdown truck

wiishle

refuse truck

gaari qashin-gure

motor

matoor

fuel

shidaal

petrol station

ajib

traffic sign

calaamad taraafiko

traffic

taraafiko

traffic jam

jaam baabuur

car park

baarkin-baabuur

train station

boosteejo tareen

tracks

waddo-tareen

train

tareen

tram

taraam

carriage

gaari faras

helicopter

helikobtar

airport

garoonka dayuuradaha

tower

manaarad

passenger

rakaab

container

weel

carton

kartoon

cart

gaari faras

basket

dambiil

take off / land

kicid / degis

city

magaalo

village

tuulo

city centre

faras magaale

house

guri

cinema
shineemo

advert
xayaysiin

street lamp
nal waddo

CINEMA

street
dariiq

taxi
taksi

snack shop
biibito

pedestrian
waddo lugeed

pavement
marshi-biyeedi

zebra crossing
marshi-biyeedi

bin
haan qashi-qub

crossing
gudub

traffic lights
samaafare

hut

mundul

flat

dabaq

train station

boosteejo tareen

town hall

xarunta dowladda-hoose

museum

matxaf

school

dugsi

university

jaamacad

bank

bangi

hospital

isbitaal

hotel

hoteel

pharmacy

farmasi

office

xafiis

book shop

buug shoob

shop

dukaan

florist's

dukaan ubax

supermarket

carwo

market

suuq

department store

suuq weyne

fishmonger's

kalluun-iibshe

shopping centre

suuq

harbour

furdo

park	bench	bridge
jardiino	kursi	buundo
stairs	underground	tunnel
jaraanjaro	waddo-tareen-hoosaad	waddo-dhul hoose
bus stop	bar	restaurant
boosteejo	baar	makhaayad
postbox	street sign	parking meter
sanduuq boosto	calaamad waddo	joogid-cabbire
zoo	swimming pool	mosque
beer-xayawaan	barkad dabbaalasho	masaajid

farm
beer

pollution
naqas

graveyard
qabuuro

church
kaniisad

playground
garoon

temple
macbad

landscape
muqaal-dhireed

signpost
calaamad-waddo

way
waddo

meadow
seere

stone
dhagax

tree
geed

hiker
buur korre

river
webi

grass
caws

flower
ubax

valley

dooxo

hill

buur

lake

laag

forest

kayn

desert

saxare

volcano

foolkaano

castle

qasri

rainbow

qaanso-roobaad

mushroom

barkin-waraabe

palm tree

geed timireed

mosquito

kaneeco

fly

duqsi

ant

qoraanjo

bee

shinni

spider

caaro

beetle

dameer-duudeey

frog

rah

squirrel

dabagaalle

hedgehog

kashiito

hare

dabagaalle

owl

guumeys

bird

shimbir

swan

boolo-boolo

boar

doofaar-jilibeey

deer

deero

moose

faras-duur

dam

biyo-xireen

wind turbine

tamar-dhaliye

solar panel

soollar

climate

cimilo

waiter
kabalyeeri

menu
warqad qiimo

chair
kursi

soup
maraq

pizza
biise

tablecloth
maro-miis

cutlery
alaab

starter
af-billow

main course
cunto bariimo

dessert
macmacaan

drinks
cabitaan

food
cunto

bottle
dhalo

fast food

cunto diyaarsan

street food

cunto-waddo

teapot

jalmad shaah

sugar bowl

weelka sonkorta

portion

qayb

espresso machine

mashiinka isbareesada

high chair

kursi dheer

bill

biil

tray

tereey

knife

mindi

fork

fargeeto

spoon

qaaddo

teaspoon

malqacad-shaah

serviette

shukumaan miis

glass

galaas

plate
saxan

soup plate
saxanka maraqa

saucer
saxan

sauce
suugo

salt pot
weelka cusbada

pepper mill
basbaas shiide

vinegar
fixiye

oil
saliid

spices
dhandhanaan

ketchup
suugo

mustard
mastaard

mayonnaise
mayoonees

special offer
qiima dhimis qaas ah

customer
macmiil

dairy
caano

FOR

fruit
miro

trolley
gaariga adeega

butcher's
kawaan

baker's
foorno

weigh
cabbir

vegetables
khudaar

meat
hilib

frozen food
cunto la qaboojiyay

cold meat

hilibka qadada

tinned food

cunto gasacadeysan

washing powder

oomo

sweets

macmacaan

household products

alaabada guri

cleaning products

alaabo nadaafad

salesperson

iibshe

till

diiwaan lacagta

cashier

qasnaji

shopping list

liis adeeg

opening hours

saacadaha shaqo

wallet

shandada jeebka

credit card

kaar amaah

bag

bac

plastic bag

bac

water

biyo

juice

casiir

milk

caano

coke

kooka-kola

wine

khamri

beer

biir

alcohol

khamri

cocoa

kooke

tea

shaah

coffee

kafee

espresso

isberesso

cappuccino

koobishiin

banana

muus

apple

tufaax

orange

liin-bambeelmo

melon

qare

lemon

liin

carrot

karooto

garlic

toon

bamboo

baambuu

onion

basal

mushroom

barkin-waraabe

nuts

loos

noodles

baasto

spaghetti

baasto

rice

bariis

salad

salar

chips

jibsi

fried potatoes

baradho shiilan

pizza

biise

hamburger

haambeegar

sandwich

saanwij

cutlet

hilib-jiir

ham

hilib-doofaar

salami

salami

sausage

sooseej

chicken

hilib-digaag

roast

duban

fish

kalluun

porridge oats

sareenta mashaarida

muesli

quraac isku-dhafan

cornflakes

daango

flour

bur

croissant

nooc rooti ah

bread roll

rooti

bread

rooti

toast

rooti-la-kulluleeyey

biscuits

buskud

butter

subag

curd

hanti

cake

doolsho

egg

ukun

fried egg

ukun shiilan

cheese

burcad

ice cream

jalaato

sugar

sonkor

honey

malab

jam

malmalaado

chocolate spread

labeen macmacaan

curry

suugo

goat
ri'

cow
sac

calf
weyl

pig
doofaar

piglet
dhal doofaar

bull
dibi

goose

bawaato lab

duck

bawaato

chick

jiijiile

hen

digaag

cock

diiq

rat

doolli

cat

bisad

mouse

jiir

ox

dibi

dog

eey

doghouse

hoyga eeyga

garden hose

tuubbo waraab

watering can

sakeelka waraabinta

scythe

gudin

plough

carro-roge

sickle

gudin

hoe

yaambo

pitchfork

fargeeto caws-beereed

axe

faas

wheelbarrow

gaari -gacan

trough

dar

milk can

dhalada caanaha

sack

jawaan

fence

deer

stable

xero xooleed

greenhouse

gur-biqlin-dhireed

soil

ciidda

seed

abuuka

fertilizer

bacrimiye

combine harvester

cagafta beer-goynta

harvest

beer-goyn

harvest

beer-gooyn

yams

moxog

wheat

sarreen

soy

soya

potato

baradho

corn

galley

rapeseed

geed-saliideed

fruit tree

geed mirood

cassava

moxog

cereals

firiley

living room

qol jiib

bathroom

musqul-qubeys

kitchen

jiko

bedroom

qolka jiifka

child's room

qolka ilmaha

dining room

qolka cuntada

floor

sagxad

wall

derbi

ceiling

saqaf

cellar

makhaasiin

sauna

soona

balcony

balakoon

terrace

daarad

pool

barkad

lawn mower

caws-jare

sheet

buste

bedspread

go'

bed

sariir

broom

xaaqin

bucket

baaldi

switch

daare-damiye

carpet

roog

curtain

daah

table

miis

chair

kursi

rocking chair

kursi wareega

armchair

kursi fadhi

book

buug

blanket

buste

decoration

qurxin

firewood

xaabo

film

filin

hi-fi equipment

cod-baahiye

key

fure

newspaper

wargeys

painting

rinjiyeyn

poster

tabeelo

radio

raadiye

notepad

xusuus-qor

hoover

huufar

cactus

tiitiin

candle

shumac

fridge
qaboojiye

microwave oven
kululeeyso

kitchen scales
miisaan-yaraha jikada

toaster
rooti-kululeeye

detergent
oomo

oven
burjiko

freezer
qaboojiye

dishwasher
maacuun-dhaqe

cooker
kuuker

pot
dheri

cast-iron pot
birtaawo

wok / kadai
birtaawo

pan
birtaawo

kettle
kirli

steamer

uumiye

baking tray

saxaarad dubista

crockery

maacuun

mug

bakeeri

bowl

baaquli

chopsticks

qoryo wax lagu cuno

ladle

malqacad

spatula

qaado

whisk

folow

strainer

miire

sieve

shashaq

grater

qudaar-jare

mortar

mooye

barbecue

hilib-sol

open fire

dab

chopping board

alwaaxa wax-jar-jarka

rolling pin

ul jabaati

corkscrew

guf-saare

can

gasac

can opener

gasac-fure

pot holder

istaraasho-jiko

sink

saxanka-alaab-dhaqa

brush

caday

sponge

isbuunyo

blender

shiide

deep freezer

qaabojin qoto-dheer

baby bottle

masaasad

tap

tuubbo

heating
kululeeye

shower
qubeys

towel
shukumaan

shower curtain
daaha qubeyska

bubble bath
xumbo qubeys

bathtub
tuubbo qubeys

glass
galaas

washing machine
qasaalad

tap
tuubbo

tiles
mar-mar

potty
tuunji

sink
saxanka-alaab-dhaqa

toilet	squat toilet	bidet
musqul	musqusha fadhiga	siin
urinal	toilet paper	toilet brush
weel kaadi	tiish musqul	burushka musqusha

toothbrush

caday

toothpaste

daawo caday

dental floss

dunta ilka farashada

wash

dhaq

handheld shower

gacan qubeys

douche

tuubo-musqul

basin

beeshin

back brush

burush-qubeys

soap

saabuun

shower gel

shaambo

shampoo

shaambo

flannel

cago-saar

drain

biyo-saare

cream

kareem

deodorant

carfiso

mirror

muraayad

hand mirror

muraayad gacmeed

razor

sakiin

shaving foam

xumbada xiirashada

aftershave

daawo gar-xiir

comb

shanlo

brush

burush

hair dryer

fooneeye

hairspray

timo-buufis

makeup

waji-qurxiye

lipstick

rooseeto

nail varnish

cidiyo-nadiifiye

cotton wool

dun

nail scissors

cidiyo-jar

perfume

baarafuun

washbag

boorso-wajidhaq

stool

saxaro

weighing scale

miisaan culays

bathrobe

dhar-qubeys

rubber gloves

gacma gashi cinjir

tampon

tambooni

sanitary towel

tiimshe

chemical toilet

musqul kiimiko

alarm clock
saacadda dhawaaqda

cuddly toy
boombale caruur

toy car
baabuur caruureed

doll's house
guriga caruusada

present
hadiyad

rattle
sanqadh

balloon

buufin

bed

sariir

pram

gaariga caruurta

deck of cards

turub

jigsaw

miinshaar

comic

maad

lego bricks

bulkeeti boombale ah

building blocks

tooy

action figure

sanam

babygrow

isku-jooga dhallaanka

frisbee

aalad cayaar

mobile

moobaayl

board game

khamaar

dice

laadhuu

model train set

moodo tareen

dummy

boombale

party

xaflad

picture book

buug sawirro

ball

kubbad

doll

boombale

play

cayaar

sandpit

dhoobo-dhoobeey

swing

wiifoow

toys

alaab-alaabeey

video game console

geemka gacanta laga hago

tricycle

baaskiil

teddy bear

boombale

wardrobe

armaajo dhar

clothing

dhar

socks

sigisaan

stockings

sigsaan haween

tights

surwaal-dhuuqsan

scarf
masar

umbrella
dallad

t-shirt
funaanad

belt
suun

boots
kabo buud

slippers
dacas

trainers
kabo tababar

sandals	shoes	rubber boots
saandalo	kabo	kabo roob

underpants	bra	vest
hoos-gashi	rajabeeto	garan

body

jir

trousers

surwaal

jeans

surwaal jeenis

skirt

goono

blouse

canbuur

shirt

shaati

pullover

funaanad-dhaxameed

hoodie

garan dhaxameed

blazer

jaakad fudud

jacket

jaakad

coat

koodh

raincoat

koodhka roobka

costume

dhar-munaasabadeed

dress

labbis

wedding dress

lebbis aroos

suit
suut

nightgown
dhar-hurdo

pyjamas
bajaamo

sari
saari

headscarf
masar

turban
cimaamad

burqa
cabaayad

kaftan
saako

abaya
cabaayad

swimsuit
dharka-dabaasha

trunks
dabo-gaabyo

shorts
surwaal-dabagaab

tracksuit
taraak-suut

apron
dufan-dhowr

gloves
gacmo gashi

button

galluus

glasses

ookiyaale

bracelet

jijin

necklace

silis

ring

faraati

earring

dhego dhego

cap

koofiyo

coat hanger

katabaan

hat

koofiyad

tie

garabaati

zip

jiinyeer

helmet

helmed

braces

ilko-reeb

school uniform

direes dugsi

uniform

direes

bib

cayo-dhowr

dummy

boombale

nappy

maro-dufeed

server
khad-bixiye

filing cabinet
armaajo feylal

printer
daabace

paper
warqad

monitor
shaashad

desk
miis

mouse
hage kombuyuutar

folder
gal

keyboard
teeb-kombuyuutar

waste-paper basket
haan qashin-gur

chair
kursi

computer
kombuyuutar

coffee mug

koob kafee

calculator

kalkuleytar/xisaabiye

internet

internet

laptop

laabtoob

letter

bakhshad

message

fariin

mobile

moobaayl

network

shabakad-kombuyuutar

photocopier

footokoobi

software

barnaamij-kombuyuutar

telephone

telefoon

plug socket

god koronto

fax machine

mishiinkan fax-ka

form

foomka

document

dokumenti

buy

iibso

pay

bixi

trade

ganacso

money

lacag

USD

dollar

doollar

EUR

euro

yuuro

JPY

yen

yenka jabbaan

RUB

rouble

robolka ruushka

CHF

Swiss franc

Franka iswiiska

CNY

renminbi yuan

lacagta shiinaha

INR

rupee

rubiyada hindiga

cashpoint

maqal

bureau de change	gold	silver
xafiiska sarrifaka lacagaha	dahab	qalin
oil	energy	price
shidaal	tamar	qiime
contract	tax	stock
qandaraas	canshuur	raasumaal
work	employee	employer
shaqee	shaqaale	shaqaaleysiiye
factory	shop	
warshad	dukaan	

police officer
sarkaal booliis

fireman
dab-demiye

cook
cunto-kariye

doctor
dhakhtar

pilot
duuliye

gardener

beeralley

carpenter

nijaar

seamstress

timo-qurxiso

judge

qaaddi

chemist

farmashiiste

actor

jile

bus driver

darawal bas

taxi driver

taksiile

fisherman

kalluumeyste

cleaning lady

nadiifiso

roofer

saqaf-dhise

waiter

kabalyeeri

hunter

ugaarsade

painter

rinjiile

baker

rooti-dube

electrician

koronto-yaqaan

builder

dhise

engineer

injineer

butcher

kawaanle

plumber

tuubbiiste

postman

boostaale

soldier

askari

architect

injineer-dhismo

cashier

qasnaji

florist

ubax-yaqaan

hairdresser

timo-jare

conductor

kiro-uruuriye

mechanic

makaanik

captain

kabtan

dentist

dhakhtar-ilko

scientist

saaynisyahan

rabbi

wadaad yahuud

imam

imaam

monk

xerow

clergyman

wadaad

hammer
dubbe

pliers
biinsi

screwdriver
kashawiito

spanner
kiyaawe

torch
toosh

digger

dhul-qoddo

toolbox

qalab-xajiye

ladder

jaraanjaro

saw

miinshaar

nails

musbaarro

drill

dalooliye

repair
dayactir

shovel
badiil

Damn!
inkaar kugu dhacday!

dustpan
bus-xaabiye

paint pot
gasacad rinji

screws
boolal

musical instruments
qalab muusiko

loudspeaker
samacad

drum kit
digsi

guitar
kataarad

double bass
kataarad guux-weyn

trumpet
turumbo

piano

biyaano

violin

fiyooliin

bass

karaarad guux-dheer

timpani

durbaan-sheegagle

drums

durbaan

keyboard

loox-xarfeed-biyaano

saxophone

turumbo

flute

siin-baar

microphone

makarafoon

entrance
irrid

tiger
shabeel

cage
qafis

zebra
dameer-farow

animal feed
baad-xayawaan

panda
baanda

animals

xayawaan

elephant

maroodi

kangaroo

kaangaruu

rhino

wiyil

gorilla

goriille

bear

oorso

camel

geel

ostrich

gorayo

lion

libaax

monkey

daanyeer

flamingo

xiita-luga-dheer

parrot

baqbaqaa

polar bear

oorso baraf-ku-nool

penguin

shimbir baraf

shark

libaax-badeed

peacock

daa'uus

snake

mas

crocodile

yaxaas

zookeeper

beer-xayawaan ilaaliye

seal

bahal kalluun-cun

jaguar

shabeel-u-eke

pony

dhal faras

leopard

harmacad

hippo

jeer

giraffe

geri

eagle

gorgor

boar

doofaar-jilibeey

fish

kalluun

turtle

qubo

walrus

maroodi-badeed

fox

dawaco

gazelle

deero

American football
kubadda-cagta maraykanka

cycling
tartanka bashkuleetiga

tennis
kubbadda miiska

basketball
kubbadda koleyga

swimming
dabaal

boxing
cayaarta feerka

ice hockey
hookiga barafka lagu dh

football
kubadda cagta

badminton
baadminton

athletics
ciyaaraha fudud

handball
kubadda gacanta

skiing
iskii/ciyaarta barafka

polo
cayaar-faras

laugh
qosol

jump
boodid

hug
hab-siin

walk
soco

sing
hees

dream
riyo

pray
duceyso

kiss
dhunkasho

write
······
qorraxeed

draw
······
masawirid

show
······
muuji

push
······
riix

give
······
sii

take
······
qaado

have

haysasho

do

samee

be

ahaansho

stand

istaag

run

orod

pull

jiid

throw

tuur

fall

dhicid

lie

been-sheegid

wait

sug

carry

qaad

sit

fariiso

get dressed

labiso

sleep

seexo

wake up

toos

look at

fiiri

cry

ooy

stroke

dhuftay

comb

shanleyso

talk

hadal

understand

faham

ask

weydii

listen

dhageysasho

drink

cab

eat

cun

tidy up

habee

love

jacayl

cook

kari

drive

kaxee

fly

duulid

sail

shiraaco

calculate

xisaabi

read

akhri

learn

barasho

work

shaqee

marry

guurso

sew

tol

brush teeth

cadayso

kill

dilid

smoke

sigaar cab

send

dir

activities - hawlo

grandmother
ayeeyo

grandfather
awoowe

father
aabbe

mother
hooyo

baby
ilmo

daughter
gabar

son
wiil

guest

marti

aunt

eeddo

uncle

adeer

brother

walaal rag

sister

walaal dumar

forehead
fool

eye
il

shoulder
garab

finger
far

face
weji

chin
gar

hand
gacan

breast
naas

leg
lug

arm
cudud

baby

ilmo

man

nin

woman

naag

girl

gabar

boy

wiil

head

madax

back

dhabar

belly

calool

belly button

xuddun

toe

suul

heel

cirib

bone

laf

hip

sin

knee

jilib

elbow

xusul

nose

san

bottom

bari

skin

maqaar

cheek

dhafoor

ear

dheg

lip

bishin

mouth

af

tooth

ilig

tongue

carrab

brain

maskax

heart

wadno

muscle

muruq

lung

sambab

liver

beer

stomach

uur kujirta caloosha

kidneys

kelyo

sex

galmo

condom

cinjir-galmo

ovum

ugxan

semen

shahwo

pregnancy

uur

menstruation

caado

vagina

siil

penis

gus

eyebrow

suni

hair

timo

neck

qoor

hospital
isbitaal

ambulance
aambalaas

wheelchair
kursiga-cuuryaanka

fracture
jab

doctor

dhakhtar

emergency room

qolka xaaladaha-degdega
ah

nurse

kalkaaliye

emergency

xaalad deg-deg ah

unconscious

miyir-beelsan

pain

xanuun

injury

dhaawac

bleeding

dhiig-bax

heart attack

wadno-xanuun

stroke

qallal

allergy

xasaasiyad

cough

qufac

fever

qandho

flu

hargab

diarrhoea

shuban

headache

madax-xanuun

cancer

kansar

diabetes

cudurka sokoroow

surgeon

dhakhtarka-qalliinka

scalpel

mindida qalliinka

operation

qalliin

CT

iskaan

x-ray

raajo

ultrasound

dhawaaq-xawaareed

face mask

maaskaro

disease

cudur sokoroow

waiting room

qolka sugitaanka

crutch

ul lagu boodo

plaster

kab

bandage

faashato

injection

duris

stethoscope

wadne-dhegeyeste

stretcher

balankiino

clinical thermometer

heer-kul-beega qandhada

birth

dhalasho

overweight

aad-u-cayilan

hearing aid

maqal-caawiye

disinfectant

jeermis-dile

infection

caabuq

virus

feyras

HIV / AIDS

AYDHIS/HIV

medicine

daawo

vaccination

tallaal

tablets

kaniiniyo

pill

kaniin

emergency call

wicitaan deg-deg ah

blood pressure monitor

cabbiraha dhiig-karka

ill / healthy

xanuunsan / caafimaadsan

Help!

i caawiya!

alarm

sawaxan

assault

weerar-kadisa ah

attack

weerar

danger

khatar

emergency exit

irridda bixida xaalad-deg-
deg

Fire!

dab!

fire extinguisher

dab demiye

accident

shil

first-aid kit

saduuqa xaalada-degdega
ah

SOS

codsi badbaado

police

booliis

Europe

Yurub

North America

woqooyiga ameerika

South America

koonfurta ameerika

Africa

Afrika

Asia

Aasiya

Australia

Oostareeliya

Atlantic

Atlaantik

Pacific

Pacific

Indian Ocean

Bad-waynta hindiya

Antarctic Ocean

Bad-waynta antarctica

Arctic Ocean

Bad-waynta arctic

North Pole

cirifka waqooyi

South Pole

cirifka koonfureed

Antarctica

Antarctica

Earth

dhul

land

dhul

sea

bad

island

jasiirad

nation

waddan

state

gobol

clock face

wajiga saacadda

hour hand

gacanka saacada

minute hand

gacanka daqiiqada

second hand

gacanka ilbiriqsiga

What time is it?

waa intee saac?

day

maalin

time

wakhti

now

hadda

digital watch

saacadda jiifarrada

minute

daqiiqad

hour

saacad

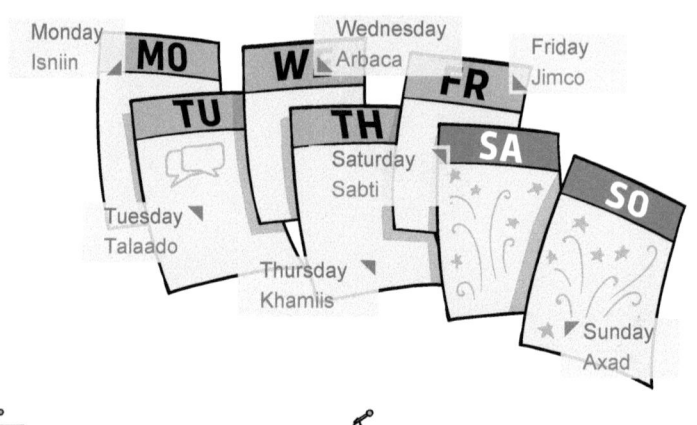

Monday — Isniin
Wednesday — Arbaca
Friday — Jimco
Tuesday — Talaado
Saturday — Sabti
Thursday — Khamiis
Sunday — Axad

yesterday
shalay

today
maanta

tomorrow
berri

morning
subax

noon
duhur

evening
casir

business days
maalmaha shaqo

weekend
dabayaaqada usbuuca

rain
roob

snow
roob-baraf

wind
dabayl

spring
gu'

autumn
deyr

summer
xagaa

winter
jiilaal

weather forecast
saadaal hawo

thermometer
heer-kul baare

sunshine
qorraxeed

cloud
daruur

fog
ceeryaamo

humidity
huur

lightning

jac

thunder

onkod

storm

duufaan

hail

roob-baraf

monsoon

maansuun

flood

daad

ice

baraf

January

Jannaayo

February

Febraayo

March

Maarso

April

Abriil

May

Mey

June

Juun

July

Luulyo

August

Agoosto

year - sanad

September
....
Sebteember

October
....
Oktoobar

November
....
Nofeember

December
....
Diseember

shapes
qaababka

circle
....
goobaabo

square
....
afar-gees

rectangle
....
leydi

triangle
....
saddex-xagal

sphere
....
wareeg

cube
....
bokis

white
....
caddaan

yellow
....
hurdi

orange
....
oranji

pink
....
guduud-khafiif

red
....
casaan

purple
....
carwaajis

blue
....
bluug

green
....
cagaar

brown
....
boroon

grey
....
cawl

black
....
madow

a lot / a little

badan / yar

angry / calm

caro / daganaan

beautiful / ugly

qurxoon / foolxun

beginning / end

billow / dhammaad

big / small

yar / weyn

bright / dark

iftiin / mugdi

brother / sister

walaalkaa / walaashaa

clean / dirty

nadiif / wasakhaysan

complete / incomplete

buuxa / dhantaalan

day / night

maalin / habeen

dead / alive

dhintay / nool

wide / narrow

ballaaran / ciriiri ah

edible / inedible

la cuni karo / aan la cuni karin

evil / kind

arxan-daran / naxariis-badan

excited / bored

faraxsan / caajisan

fat / thin

buuran / caateysan

first / last

ugu horeeya / ugu dambeeya

friend / enemy

saaxiib / cadaw

full / empty

maran / buuxa.

hard / soft

adag / jilicsan

heavy / light

culus / fudud

hunger / thirst

gaajo / oon

ill / healthy

xanuunsan / caafimaadsan

illegal / legal

sharci-darro / sharci

intelligent / stupid

caaqil / dabbaal

left / right

bidix / midig

near / far

dhow / fog

new / used

cusub / duug

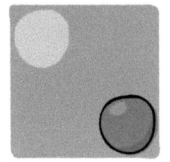

nothing / something

waxba / wax

old / young

da' / dhalinyar

on / off

daaris / damin

open / closed

furan / xiran

quiet / loud

aamusnaan / cod-dheer

rich / poor

taajir / sabool

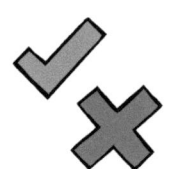

right / wrong

sax / khalad

rough / smooth

jilif leh / sabiibax

sad / happy

murugsan / faraxsan

short / long

gaaban / dheer

slow / fast

tartiib / dhaqsi

wet / dry

qoyaan / qalleyl

warm / cool

qandac / qabow

war / peace

dagaal / nabad

0

zero

eber

1

one

kow

2

two

laba

3

three

saddex

4

four

afar

5

five

shan

6

six

lix

7

seven

toddoba

8

eight

sideed

9

nine

sagaal

10

ten

toban

11

eleven

kow iyo toban

12

twelve

laba iyo toban

13

thirteen

sadex iyo toban

14

fourteen

afar iyo toban

15

fifteen

shan iyo toban

16

sixteen

lix iyo toban

17

seventeen

todoba iyo toban

18

eighteen

sideed iyo toban

19

nineteen

sagaal iyo toban

20

twenty

labaatan

100

hundred

boqol

1.000

thousand

kun

1.000.000

million

malyuun

English

Af ingiriis

American English

Ingiriiska Mareykanka

Chinese Mandarin

Mandariinka Shiinaha

Hindi

Hindi

Spanish

Boortaqiis

French

Faransiis

Arabic

Carabi

Russian

Ruush

Portuguese

Boortaqiis

Bengali

Bengaali

German

Jarmal

Japanese

Jabaaniis

I

aniga

you

adiga

he / she / it

asaga / ayada

we

annaga

you

idinka

they

ayaga

who?

kee?

what?

maxay?

how?

sidee?

where?

xagee?

when?

goorma?

name

magac

behind

gadaal

in

gudaha

in front of

horta

over

ka sare

on

dusha

under

ka hooseeya

beside

dhinac

between

u dhexeeya

place

meel